붉은 국물

붉은 국물

이규흥 시집

nol
bok

붉은 국물은
삶의 자리에 배어든
지울 수 없는 흔적

그 궤적을 따라
밀고 당기듯
건져 올린 시어

바람처럼
구름처럼

가고 싶은 곳으로
너를 보낸다

2025년 9월
가을의 문턱에서 이규홍

차례

제1부 너에게로 가는 길

제2부　붉은 국물

제3부   러브버그

제4부 얼리 버드

제5부   흔한 꽃

제1부

너에게로 가는 길

선물

새벽 이른 아침
택배를 받았다

신께서 방금 구워 보내주신
하늘나라의 선물
조심히 다루세요

선물 상자를 앞에 놓고
조심스럽게 보자기를 푼다
언제 품절될지 모르는
독특하고 향기로운 선물

짧은 시각 분 초 단위로
촘촘히 나누어 포장된
신의 은총이니 아껴 쓰세요

깨알 같은 주의사항을
다 읽었으나 측량할 수 없는
참으로 오묘하기만 한
오늘이라는
이 바삭바삭한 선물

너에게로 가는 길

때죽나무 가지마다
하얀 꽃송이
종鐘이 되어 매달려 있다

너에게로 가는 길,
한곳에 붙박여
옮겨 다닐 수는 없지만
향기로운 꽃내음
천 리 길도 날아가겠다

눈을 감고 가다 보면
은은하게 펼쳐진
너에게로 가는 길
만날 수도 있겠다

하얀 꽃소리 되어
너에게로 가는 길,
마음은 온통
종소리로 가득 채워지겠다

꽃 무덤

산에서 모시는 한식 차례
펼쳐 놓은 제사상 위로
산벚나무 꽃잎들
하르르 하르르
떨어져 눕는다

어떻게 알았을까
제 누운 자리가
그들의 무덤이라는 것을

생의 마지막 순간
제 몸 비워 주고
꽃잎처럼 춤을 추듯
곱게 누울 수 있다면
누군들 이승을 넘어
화엄에 이르지 않겠는가

잠시 무엄한 생각으로
벚꽃잎 쌓여 있는
꽃 무덤을 바라다 본다

대학찰옥수수

청주에서 괴산 가는 길
곳곳에 설치된
옥수수 가판대가 성황이다

삶은 대학찰옥수수
한 봉지에 오천 원
대학은 보이지 않지만
대학물 먹은 찰옥수수

바람 불 때마다
낮게 엎드린 뿌리의
안간힘을 딛고
성년이 되어 내뿜는
갈색 수염의 향기는
가슴까지 노랗게 물들어
어디론가 떠나려 한다

모락모락 김이 나는
잘 삶은 대학찰옥수수
한 봉지 받아 안고서

입이 즐거워 흥얼거린다

누수

누수는 오래된 건물
낡은 배관에서만
발생하는 줄 알았는데
누수의 원인은 다양하여
섣불리 단정지을 수 없다

집 안에 물이 샌다면
옥상이 원인이겠지
지붕을 뜯고 나면
외벽이 문제일까
코킹이 원인일까

다시 옥상으로 올라가
천장을 들쑤시고 나면
건물은 곧바로 초주검이 된다

어금니 꾹 깨물고
입단속하고 살지만
비밀은 어느 틈으로 새나갔는지

고삐 풀린 망아지처럼

사방팔방 뛰어다니면

수습하지 못한 나는 녹초가 된다

난청

얼마간의 거리를 두고
아내를 불렀을 때,
그녀의 반응을 보고
노인성 난청을 판단하기로 하였다
먼저 백 미터 거리에서
큰 소리로 아내를 불렀다
아무런 움직임이 없다
오십 미터 거리에서
다시 아내를 불렀다
그래도 기척이 없다
안타까운 심정으로
더 가까이 다가가
아내를 불러 보았다
그제야 돌아선 아내
짜증스러운 기색이 역력한데
벌써 세 번째 같은 대답을 보냈다고
당신의 난청이나 걱정하시라고

팥빙수

여름 한복판
무더위 몰려오는 날
시원한 팥빙수를 먹는다

얼음 한 입 베어물 때
부드럽게 녹아내리는 연유처럼
계곡의 서늘한 바람은
뼛속 깊이 스며들지만

지금 이 순간에도
알프스 융프라우 계곡의 빙하는
혼절한 듯 주저앉고 있으니
우리가 빙수를 즐기는 동안
지구의 커다란 눈꽃 빙수는
흔적 없이 사라질지도 모른다

오대륙 푸른 산맥이
바닷속에 잠긴다는
암울한 예측 보도
온몸에 소름이 돋는다

호박시루떡

동지 무렵
둥근 시루에
곱게 빻은 쌀가루
팥고물에 호박고지
켜켜이 괴어 놓고 시루떡을 찐다

지지고 볶은 365일
아직도 가시지 않은
분노와 분분한 자책

다하지 못한 자비와
뜸 덜 든 자선까지
오늘은 모두 뜨겁게 달구어 다오

옹졸한 마음
증발하지 못하도록
출구를 봉쇄하고 앉아
호박시루떡을 찐다

가시나무

하얀 찔레꽃을 꺾으려다
손등에 붉은 피를 묻히거나
며느리밑씻개를 훔쳐보다
가시덤불에 멱살 잡혀
곤욕을 치른 적 있었다

가시는 누구를 보호하려고
그 험난한 임무를 맡아
한평생 살아가는 것일까

겨울이 깊을수록
꽁꽁 언 손 호호 불며
바늘 꽂은 고슴도치가 되어
추운 겨울을 나기도 하는데

꽃도 열매도 사라진
한겨울 찬바람 속에
오늘도 경계에 충실한
겨울, 가시나무를 본다

떡국 한 그릇

설날이라고
아내가 떡국 상을 차렸다

떡국에 만두 두어 개 들어 있으니
떡만둣국이라고 해야
맞는 말이겠지

멀리 제주에 가 있는 첫째, 둘째
군에 가 있는 막둥이 셋째
애들은 떡국 생각이나 할까

아내와 둘이 겸상 아닌 겸상을 하며
돌아가신 부모님은 그렇다손 치더라도
다른 식구들은 다 어디로 간 것일까

설날 대목에도 만나지 못한다면
삼백육십오일
언제 따로 볼 날 있겠는가

설날 아침에 눈발이 날린다

날씨도 춥지 않은데
떡국 든 숟가락이 파르르 떤다
먹어도 줄지 않는 떡국 한 그릇

게발선인장

함박눈 내리는 날
꽃이 피고 있다
그대처럼 붉은 꽃

손가락 발가락 흔들며
환하게 웃는 그대

나도 게발걸음으로
그대 곁에 다가가
붉게 물든 마음
피워 올리고 싶다

오래도록 그대 생각에 잠긴
시들지 않는 꽃이 되어
그대 곁에 머물고 싶다

폭포 앞에 엎드려

길을 잃고 털썩
주저앉고 싶을 때

폭포 앞에 엎드려
쏴아쏴아
절벽에서 쏟아지는
물떠러지 소리 들어라

길 없는 길 없으니
끊어진 길이라면
그건 길이 아니지

허공 속에 몸을 던져
절망에서 벗어난
희망의 물줄기 바라보라

무릎 꿇고 엎드려
수만 갈래 갈라진
신의 음성 받아 적어라

수상한 육십 줄

육십 줄 나이에 들어서면서부터
수상한 일들이 몸 안에서
벌어지고 있다

방금 밥 먹은 것 같은데
숟가락을 놓지 못하거나
주머니 속에 잘 넣어 둔
전화기를 찾아 헤매는
이 볼썽사나운 꼴불견

사람들이 낯설게 보일 때
내가 왜 여기 서 있는가
갑자기 화가 치밀어 올라
한없이 무력해지는
어둡고 칙칙한 백세의 위기

마법에 걸린 기억들,
추억이란 것
다치지 않도록
조심스럽게 건져내고 싶다

몸 마르는 동안

빨랫줄에 걸린
젖은 빨래 한 벌

가벼운 마음으로
어디론가 외출하고 싶지만
단단한 줄에 묶여
벗어날 수 없다

몸이 잘 마르도록
산들바람 불어오면
하늘과 땅이 맞선 곳

경계가 분명하지 않은
높은 무대 위에서도
훨훨 몸을 날려
축제처럼 마음껏 뛰어논다

그렇게 모든 것을 비워낸 뒤에야
유유히 마당을 벗어나
자유로운 길 걸어간다

잠시 주차 중인 차량처럼

누군가 남의 집 대문 앞에
육중한 차를 세워 놓고
앞 유리창에
잠시 주차 중이라는
종이쪽지를 붙여 놓았다

오래지 않은 시간 동안
잠시 주차했다가
곧 돌아오겠다는 듯
웃고 있는 미소 스티커

그래 잠시 머무는 동안
무슨 이유가 있었겠지
인생은 짧은 찰나에도
많은 이야기를 쏟아내고
실컷 저지레를 치다가
소리소문 없이 사라지는
그런 것 아닐는지

마치 바람처럼 떠나갈

잠시 주차 중인 차량처럼

세차장에서

먼지 앉은 차를 몰고
세차장으로 들어갑니다
꼼짝 않고 서 있는
차체의 묵은 때를 벗겨낼 때

숨죽여 들여다봅니다
내 마음 구석구석
짙게 눌어붙은 악습들
무엇으로 닦아내야 할까요

벗겨내면 벗겨낼수록
갈등의 골은 깊어지고
평화를 바라던 소망마저
저주의 소리로 돌아옵니다

날마다 진흙탕 속에 갇혀
터져 나오는 절망의 말들
원망의 끝은 보이지 않는데

흠 많은 사람도 안아주는

따뜻한 세상이 그립습니다

제2부

붉은 국물

눈향나무

뇌성마비를 안고 태어난 사람
세 살 때 꽃동네에 들어와
줄곧 침대에만 누워 지냈는데
기관 절개 수술을 하여
목에 튜브를 꽂고
가래를 뽑아야 하는 고통 속에
자신을 내다 버린 엄마를 미워하다가
사랑의 핵심은 용서라는
한 줄 말씀 받아 모신 뒤
미움을 내려놓게 되었다
그가 미움을 용서한 순간
어눌했던 말투에서
사랑의 말이 생겨나고
뒤척이던 몸에서 향기가 묻어나왔다
그 향기는 멀리 아프리카 우간다
태평양 건너 멕시코까지 번져갔는데
오늘도 꽃동네 인곡자애병원 병실에는
수백년 향기를 내어줄
향나무 한 그루 서식하고 있다

비 오는 날

장맛비 퍼붓는 날
창문을 닫고
굵은 빗줄기를 바라본다

천둥과 번개를 동반한
하늘을 지배한
여름 장맛비
나는 왜 젖는 것을 두려워했을까

창밖의 나무는
쏟아지는 빗줄기를 끌어안고
촉촉이 젖어 가면서
젖는 기쁨을 누리고 있건만

나는 작은 빗줄기에도
허겁지겁 도망만 다니다
장맛비와 제대로 맞서 본 적 없으니
내 삶은 얼마나 건조한 것일까

비 오는 날이면

창가 멀리 떨어진 곳에서

그저 물 구경이나 했을 뿐이었으니

마지막 재

치매 꽃이 하얗게 핀
아버지께 거짓말을 했어요

저기 보이는 저 언덕
하얀 건물이 근사하지요
그곳에 당신께서 편히 쉴
천국이 있다고요

얼른 들어가시라고
오늘 입원 수속을 모두 마쳤어요

꿈에 그리던 천국
아, 참말인가요?
그게 아니라면
제가 거짓말을 한 것이겠지요

어쩌다 천국에서는 참말과
거짓말을 혼용하고 있을까요?

뒤돌아보지 말라고 하시면서

아버지는 마지막 재를
넘어가고 계셨어요

도깨비불에 대한 오해

산불이 휩쓸고 지나간 뒤
도깨비가 범인이라고
사람들은 수군거렸으나
도깨비는 남을 해코지하지 않는다

나쁜 마음 먹은 사람을 만나면
그의 회심을 바라며
그저 혼내 주는 정도일 뿐

마음 비우고 살아가는 산촌 마을에
무슨 원한이 서려 있다고
수십 명의 목숨을 앗아간단 말인가

이리저리 산골 자락을 옮겨 다니며
모든 것을 집어삼키는 불길은
도깨비불이 아니라
저주하는 마귀의 짓일 것이다

그놈은 사람들을 이간질하고
선량한 마을을 마구 흔들어

이 땅에 평화가 머물지 못하도록
방해하는 훼방꾼이기 때문이다

어느 밥상보

어머니는 들에 나가시며
몇 가지 안 되는 반찬을
작은 두레밥상에 올려놓고
신문지로 덮어놓으셨다

아버지께서 읽다 만
구겨진 신문지 밥상보 위로
며칠 지난 뉴스들이
파리와 술래잡기하며 놀고 있었다

예약한 식당에 들어서니
파리는 보이지 않는데
식탁을 덮고 있는
고운 밥상 보자기 위로
문득 어머니의 손길이 아른거린다

언제 어머니가 이곳을 다녀가셨던가
밥 한 술 뜨기도 전
주린 배 달래주시던
어머니의 그 따뜻한 손길이

노란 꽃다지

양지바른 언덕 위
노란 꽃다지
잔잔한 미소 풀어 놓았다

누군가에게 드러내 놓고
얼굴을 알린 적 없지만
그윽한 눈웃음
만방에 날린다

코딱지만 한 입술로
온종일 종알거리지만
작고 가벼운 그의 말
귀담아듣는 이는 적다

그럼에도 불구하고
씩씩한 꽃다지
이리 큰 뉴스 보내는가
봄, 봄이 왔다고

노루귀

눈 감고 귀 열어
당신을 기다립니다

마음의 문을 열면
뭐든지 볼 수 있다지요

당신이 오신다는 소리
부드러운 바람이
전해 주고 갔어요

얼음장 밑으로 흐르는
개울물 소리

산새들 모여
속삭이는 소리

산비알 청노루귀
꽃잎 여는 소리
들려오네요

나는 두 귀 쫑긋 세운

노루가 되어

당신을 마냥 기다립니다

종점

다음은 이승의 마지막
가덕공원묘지입니다

내리실 때는
텅 빈 보따리
확인하시고 하차하세요

비록, 목련공원 화장장
뜨거운 불 속에
미련한 옷가지
마음의 때까지
모두 태웠다 하더라도

하늘로 가는 길은
아득히 머언 곳
가진 것 내려놓고
번개처럼 순간 이동해야 하므로

긴장하세요,
지상의 마지막 종점입니다

뿌리의 힘

오래된 나무는
땅속 깊은 곳에 뿌리를 박고
그 뿌리의 힘으로
커다란 몸체를
견고하게 지탱해 간다

알아주는 이 없어도
마음 깊은 곳에
뿌리를 내리고

묵묵히 자신의 길
걸어가는 사람의
뿌리는 깊다

따뜻한 세상을 향해
얼굴을 드러내지 않고
뿌리의 영역을 넓혀 가는
그 사람의 마음은 한없이 깊다

무인 편의점

누구 없소
불러도 대답 없는
골목길 무인 점포

할인 상품 사러 갔다가
암초에 걸렸다

이리저리 허둥거리자
두 눈을 부릅뜬
천장의 CCTV
얼굴 인식을 강요한다

천재지변이야
거기 누구 없소
대답 없는 점포 안에서
키오스크에 매달려
통사정을 해 보지만

먼바다 외딴곳
인적 없는 무인도

난민으로 전락해 버린

골목길 무인 편의점

붉은 국물

짬뽕을 주문하고 나서
국물이 옷에 튈까 봐
앞치마를 두른다

내 기억 속에 남아
지워지지 않는
또렷한 붉은 자국

최상의 요리를 내놓겠다는
요리사의 손맛을 믿는다면
깨끗한 그릇 속의 음식은
한 점 국물이라도
튕겨 나가지 않을 것이다

음식을 앞에 놓고
불경한 마음으로
면발을 들어 올리는 순간

붉은 국물은
식탁을 뛰어넘어

우리의 급소에 달라붙는 것이다

동지

삼한사온 한겨울
한랭전선 지나가는 날
기습적으로 파고드는 한파
문풍지도 무서워 벌벌 떠는데

열 많은 호랑이
장가간다고 설쳐대는 밤
눈 쌓인 장독대 위로
겨울꽃 하얗게 피었다

으스름하게 두리번거리는
모든 악귀는 물러가라
오늘은 문지방에 팥죽 바르고
남은 것마저
댓돌에 뿌리는 첫새벽

동지 지나야 한 살 더 먹고
새알 팥죽을 먹어야
진짜 나이 먹는다는데

다시 한 해는 오고 있겠지
태양은 어제보다 높이 솟아오르고
밤은 날마다 짧아지리니
더는 외롭지 않으리

정북동토성

무심천을 품은 까치내
호반에 내려앉은
석양빛이 곱다

누가 이곳에 성을 쌓았는가
전쟁을 대비한 철옹성이 아니라
평평한 평지에 네모난 토성
창고를 짓고 우물을 팠다

배고프고 목마른 사람은
어서들 와서 먹고 마셔라
잘사는 일은 서로 죽이는
전쟁이 아니다

무심히 흐르는 무심천도
이곳에 와서는 춤을 춘다

바람이 자유롭게 거닐며
천 년을 돌아보는
여유로운 토성 언덕에

오늘도 인생 샷은 터지고 있다

용두사지철당간

우암산 능선에 올라
철당간을 내려다본다

너는 불문^{佛門}을 지키는
신령스러운 쇠지팡이
법당을 꾸미는 깃대였구나

기억조차 녹슬어
몸통 하나 가누기
버거웠을 천년 세월

구름을 뚫고
안개를 관통하여
하늘을 곧게 찌르는
허공의 장엄한 경전
충실한 수문장이었다

초립동 예언대로
주성의 한복판에 돛대를
높이 세워 올렸으니

무심한 세월을 건너
또다시 천 년쯤 이어 가리라

홍수아이

누군가 그를 지목하였을 것이다
잘생긴 다섯 살
흠 없는 어린아이

천지신명께 바칠
살아 있는 제물 앞에
아이 부모도
어쩔 수 없었을 것이다

계속되는 천재지변
하늘만 원망할 뿐
다른 방도가 없었을 것이다

찬 서리 맞아 곱게 핀
국화 꽃잎 따다
아이 몸에 뿌리고
고운 흙으로 덮었다

아가야,
좋은 시절 만나거든

다시 눈을 뜨거라

꾹 다문 입 열고 말하거라

고독의 파편

삶의 무게에 짓눌려
습관처럼
눈물을 떨구는 사람아

그대 젊음의 강가에서
찬란히 부서지던
고독의 파편들을 기억하는가

바다로 흘러든 강물이
뒤를 돌아보지 않는 것처럼

산 넘어 기운 해가
지나간 하루
돌아보지 않는 것처럼

이 순간의 고독 또한
그대 곁에
오래 머물지는 않으리

먼 훗날,

눈부신 추억으로

반짝일 시간일 뿐이리니

제3부

러브버그

선산으로 가는 길

설날 차례 모시러
선산으로 가는 길
백 년도 못 되는
삶의 길은 짧아
길이라 부를 수도 없겠으나
어둠의 시간은 길어
누구나 선산에 들어서고 나면
머나먼 길이 되는가 보다

조상님 줄줄이 누워 계신
선산 맨 아래편에
아버지 어머니
말없이 누워 길이 되셨다

어머니로부터 탯줄을 끊고
이만큼 걸어온 나도
언젠가 여기에 누워
머나먼 소멸의 길
걸어가고 있을 터

손톱 달

저녁 그림자 드리운 시간
손톱을 깎는다
나에게서 멀어져 가는 작은 조각

창밖, 서쪽 하늘에
가녀린 초승달 떴다

아무리 떼어내도
아프지 않다고 여겼던
나의 작은 부분들

오늘은 왠지
잃어버린 조각처럼
텅 빈 마음 한켠인데

깎아낼수록 낯설고
서운하게 사라지는 것들
그래서 더 애처롭게 느껴지는 밤

아내의 맛

구미 당기는 맛집 찾아
방방곡곡
주유하는 사람들이 있다

맛 감별사, 맛 평론가
세상의 별미만을 골라
육즙이 흐르는 식감
즐겨 찾는 사람들에게
아내는 말한다

어떤 음식이든
주는 대로 먹고
제가 먹은 밥그릇
공손하게 반납하는 사람

그런 사람이
입맛을 논하는
최고의 미식가 아니겠냐고

러브버그

빨간 스웨터
커플 티를 맞춰 입은 벌레들이
떼를 지어 날아다닌다

영혼의 다짐이라도 한 듯
꽁무니를 붙이고 춤을 춘다
사랑은 무엇이든 출렁이게 하는
힘이 있는 것일까

침묵으로 방관한 세월
따뜻하게 한 번 안아주지 못한
무뚝뚝한 손으로
아내의 어깨를 감싸 안으며
오늘은 나도 달콤하게 속삭여야지

죽음은 두렵지 않으니
이제는 떨어지지 말자
사랑의 사슬로 서로를 묶고
곱게 물든 저녁
노을 속으로 들어가는

저 환상의 연인들처럼

마음의 진동

둥근 달 바라보며
잊었던 이름
아련하게 떠오른다면
몸속의 자기장
N극에서 나와 S극으로
이동하는 중

밝은 달 바라보며
잊었던 얼굴
보고 싶어 뒤척인다면
그것은 마음속 암반
깊숙이 묻어 두었던
마그마가 출렁이고 있는 것

오늘도

어제와 내일을 잇는 섬
'오늘도'에는
커다란 파도가 출렁거린다

지나간 어제는 잠잠해졌지만
내일은 또 어떤
강풍이 불어올지 모른다

격렬한 파도가 지나간 뒤에
사랑의 꽃이 피고
새로운 희망이 솟아오를 것이다

흐르는 세월은
속절없이 흘러갈 뿐
아무것도 기다려 주지 않는다

사랑이 왜 으뜸인지
하루 또 하루 그렇게
결단의 시간을 맞이해야 한다

쑥

겨울 속으로
깊숙이 들어가 있다가
손 없는 봄날 머리를 내민다

쑤욱, 쑥
어디, 살만한 세상인가

누군가의 입맛에 따라
절편이 되고
개떡이 되어도
이승의 삶은 손해 보는 일 아니다

바싹 마른 잎,
향기마저 내어주고
겨울로 돌아가는 그 순간까지

한세상 부대끼며
뜨겁게 살아볼 일이다

낚싯밥

삶의 한가운데
발갛게 무르익어
먹음직스러운 사과
따먹지 마라
넘보지 마라
먹으면 죽는다
금단의 열매

눈앞에 아른거리는
신비의 세계
어서 먹어라
먹어야 보인다
농익은 선악과
고통도 물고
죽음도 삼켜 보아라

발밑까지 다가와
날름거리는 뱀의 혀
오늘 밤은 더욱 현란하다

소리쟁이

소리가 그리워 두 귀를
쫑긋 세우는 사람이 있다

소의 귀처럼
안테나를 뽑아 올리면
그의 몸에는 어느새
온갖 소리들로 가득하다

졸졸 흐르는 시냇물 소리
재잘거리는 참새 소리
가을밤을 지새우는 귀뚜라미 소리
구름처럼 번지는 웃음소리까지

저 작은 귓속에 어떻게
모든 걸 담아낼 수 있을까?

소리가 더욱 그리운 날이면
스스로 소리를 만들기도 하는
영특한 소리쟁이

세상의 소리에

주파수를 맞추며

소중한 하루를 엿듣고 있다

보리촌에서

음성 가섭산 끝자락
밝고 따뜻한 기운 감도는
고양봉 아랫녘의 보리밭
텅 빈 보릿대공마다
깨달음의 미소 그윽하다

낮이나 밤이나
고요히 타오르는 향불은
석가모니 부처님이 그리워
날마다 새벽 예불 올리던
수도승의 염원이었을 것

윤회의 인연 끊어내려고
머나먼 해탈의 길 떠난 후
지금까지 돌아오지 않았는데

오늘도 홀로 서 있는
3층 석탑 사리함 속에는
불타정각, 그 원대한 꿈이
고스란히 새겨져 있다

개망초

남한강 둑방 따라
하얗게 핀 들꽃
바람에 흩날리고 있다

개망초,
누가 지은 이름이기에
이다지도 불경스러운가

망할 놈의 시국이라니
얼마나 절망이 깊었기에
날마다 하얗게 쓰러져야만 했던가

쓰러져도 다시 일어서는 것이
흔들리며 사는 사람들의 삶
어디에 살든
절망에 주눅 들지 마라

희망의 가지 늘여 놓고
빙그레 웃고 있는
이웃사촌처럼 친근한 꽃
꼭 안아주고 싶다

아버지의 그림자

신작로 따라 내려가다가
황절미 좁은
논둑길로 접어든다

당신의 땀과 눈물이 배어 있는
네 마지기 논

한때는 하얀 감자꽃
누런 보릿대
무성한 담배밭이었다가
불끈 힘 솟는 인삼밭이었던 곳

오늘은 그저
흔들리는 갈대처럼
말없이 지나가시는데

저물녘 냇가 건너편
산 중턱을 바라보시는
아버지의 등진 그림자

선인장

평생 가시를
몸에 두르고 살지만
누군가를 찌르려고
칼을 찬 무사가 아니다

살다 보면 사막이란
어느 곳에나 널려 있어
홀로 걷기 힘든 때가 온다

그때, 기다란 가시 끝에
붉은 꽃잎 피우고
푸른 잎 나부끼면서
함께 걸어갑시다

보조를 맞추며
사막을 동행하는 사람
그가 바로 우리의 친구이며
선량한 이웃이다

봄까치꽃

겨울은 언제 물러가려나
꽃샘추위에 떠밀려
까치발을 들고 종종거리는
내 마음에

까치 한 쌍 날아와
이곳저곳 언 땅을 쪼아댄다
깍깍깍, 까치 울음 머무는 곳에
새로운 풀잎 돋아나고

"오늘은 좋은 소식 오겠지"
중얼거리는 사이
봄은 이미 와 있었다

알록달록 꽃잎들이
떼로 모여 노래하는
기분 좋은 풀밭
꼬마 천사들의
야외 음악회를 본다

반달

반대편을 향한 거침없는 함성
광화문 광장
한남동, 그리고…

서로를 위로하는 마음은
더 이상 존재하지 않는 것일까

한강 위로 반달이 떴다
창백한 얼굴로
일그러진 달무리

반쪽이 그리울 때
반달은 뜬다

퇴임 전야

'박수칠 때 떠나'라는
말씀을 잊어버리고
그만 정년의 그물에 걸렸습니다

맡고 있던 직책 내려놓고
책상 서랍 비우며
쓸데없이 서성거리던
못생긴 그림자마저
이젠 다 지워야겠지요?

'집으로 돌아가'라는
엄중한 명령에
나는 곧 바람처럼 사라지겠지만

삼십 년 동행한 사람들과 나눈
추억의 파노라마는
세월의 갈피 속에 묻어 두고

해질녘 여행길을 나선 시인처럼
남은 길

천천히 걸어가겠습니다

제4부

얼리 버드

산수유마을에 가서

노랗게 핀 산수유꽃이
마을로 가는 길을
열어 놓았다

사람이 그리워 기웃거리던
그 골목길
나란히 서 있는 산수유나무
바라만 봐도 온몸에 소름 돋을 때

노란 꽃잎 나부끼는
그 마을에 가서
묻었던 추억 꺼내 놓을까

하늘거리는 꽃잎 속에
그 이름 새겨 주고 나면
내 마음에도
봄이 활짝 펼쳐지겠지

꽃비 내리는 이 길을
오늘은 마냥 걸어가고 싶다

목련공원에서

화장터가 보이는
월오동 목련공원에서는
부활을 길게 이야기할 수 없다

활활 타오르는
다비식은 아니지만
뜨거운 불길 속에
육신의 부활도 흔들리고 있다

간간이 오열하는 유족의 울음 따라
고인의 음성이 들려올 듯하지만
둥근 상자 속에 모셔진 유골은
더 이상 부활의 끈을 잇지 못하는데

잔설이 반짝이는 공원 공터에서
하얀 꽃봉오리 밀어 올리는
목련의 분만을 바라보노라면
죽음은 어떤 형태로든
부활로 이어지고 있다는 것

살아서 믿는

믿음이란

부활의 꿈을 버리지 않는 것이다

낮은 목소리로

오늘의 미사 시간
성경을 읽고
강론을 듣고
빵을 떼어 나누려 할 때

우리는 두 손을 합장하고
평화의 인사를 나누지요

마음으로부터 우러나오는
간절한 소망을 담아
내 안의 평화를 끌어올리면

혼잣말처럼 중얼거려도
여럿이 밀어준 기도는
성큼성큼 건너갑니다

평화 실은 눈빛이
십자가 위에 머물면
고요한 시간을 넘어
낮은 목소리로 세상의

모든 이에게 평화를 빕니다

저녁노을

하늘은 언제나 맑고 푸르건만
내 마음 한켠에는
여전히 먹구름이 웅크린 채
투덜대고 있다

활짝 펴지 못한 어깨
찡그린 얼굴 사이로
여진처럼 새어나오는 깊은 한숨은
나를 마구 흔들어 놓는데

어렵고 힘들지라도
끝내야 한다는
당신의 말씀에
내 원망을 내려놓으면

하늘과 땅이 서로 만나
깊은 화해를 이루는
저녁노을처럼

가슴 뛰는 한 마디 말

온몸으로 받아 모신다

삶이란

그대에게 주어진
시간과 마음이라는
작은 항아리를 비우는 일

젊은 시절은 덧없이 흘러
어느새 빛바랜 사진처럼 사라지고
배움의 길은 끝없이
멀어져만 가는 것이니

마음과 정신,
숨이 다하는 그 순간까지
그대의 영혼을 사랑하여라

그러므로 삶이란
별이 반짝이는 순간을 알아보고
자신이 가진 모든 것을
아낌없이 쏟아붓는 소멸의 길

어쩌면 우리는
그 한 번의 빛을 위해

오랜 어둠을 견디는

순례자들인지도 모른다

얼리 버드

새벽 찬바람을 뚫고
먹이를 찾는 새처럼
어두운 골목길
리어카를 끌고 나서는
꼬부랑 할머니

밤새 누군가 내다 놓았을
구겨진 박스를 향해
덜 풀린 발길을 옮긴다

공원의 새들이
먹잇감 풍성한 시간과
그 장소를 또렷이 기억하듯

할머니도 잘 알고 있을 것이다
어느 골목 어느 지점에
그의 일용할 양식이
기다리고 있는지

그래서 할머니는 새들보다

먼저 일어나

홰를 치고 나서는

얼리 버드가 된 것이다

부활의 의미

주님 부활의 큰 기쁨이라고
부활절 메시지를 보내려다가,
주님 부랄의 큰 기쁨이라는
오타를 전송하고 말았다

전능하신 우리 주님이야
무엇이든 다 큰 분이시기는 하지만,
그분의 중요 부위를 크다고 한
불경죄, 씻을 수 없는 신의 모독죄
나는 당장 어둠 속에 숨어
이 난감한 상황을 지워 버리고 싶은데

씨앗은 본래 불알에서 나오고,
씨앗의 발아는 부활로 이어지는 것이니
주님의 부랄이라고 썼다 하여
용서받지 못할 대죄를 지은 것은 아니지 않은가

조용히 항변하며
부활의 의미를 되새겨 본다

멍에목 언덕에 서서

아무도 들어오지 않는
깊은 산중
바람도 꼬리를 감추는
멍에목 언덕 아래

무거운 육신 땅에 두고
주님을 찾는 작은 영혼
천국을 애타게 그리워하는데

이승과 저승의 갈림길
환난의 그림자는 다가오고

내 생전의 기도는 부족했구나
나를 위해 울어 줄 사람
어디쯤 오고 계실까

스산한 바람 맴돌다 가는
구병산 깊은 계곡
눈물 젖은 멍에목
그 언덕에 서서

세월이여

꽃잎 피었다가 지고
낙엽마저 떠나고 나면
추억 깃든 곳마다
붉어진 상처
감싸주는 그대여

찬바람 스치고
눈발이 날리면
더욱더 그리운 이여,
정겨운 목소리
환청인 듯 들릴지라도

세월이 보약이라
또 한 시절을 견디며
용감하고 무탈하게
걸어가야겠지요

햇살처럼 따스한 그대여

좁은 문

좁은 문 앞에 서 있다

내가 걸어온 길이
넓고 큰 문인 줄 알았는데
돌아보니 좁고 거친 길의 연속이었다

많은 이들이
넓고 큰 문으로 들어가려 하지만
사실 그 문을 통과하는 이는
그리 많지 않다
진실로, 좁은 문으로 들어가기 위해 힘써야 한다

삶이란 시작도 끝도 없는
작고도 좁은 문
그 문을 무사히 통과하여야 한다

바늘귀 같은 좁은 문 앞에
나는 무릎 꿇은 낙타가 되어
내 순번을 기다리고 있다

수의

신이 보는 앞에서
옷을 벗어요

세상에 나와
화려하게 걸쳤던
옷가지 벗어 놓고
어둠에 어울리는
삼베옷 장만했습니다

관 앞에 누워 보니
그동안 유명 브랜드만
골라 입었었군요

마지막 가는 길은
그러지 말아야지요

신이 보는 앞에서
겸손한 옷 갈아입고
홀연히 떠나렵니다

채송화

처음엔 너도
뾰족한 솔잎처럼
까다로운 성격을 지녔으리라

자신을 지키는 일이
어디 잘 드는 칼
몇 자루로 되는 일이던가

평생 가시를 달고 산다면
마냥 제자리에 머물렀을 것
우리는 모두 멀리 가는
고독한 순례자
끝까지 걸어가야 한다

푹푹 찌는 삼복더위 속
꽃들은 모두 지쳤는데
오늘도 가녀린 몸으로
천 갈래, 만 갈래
꽃길을 열고 있는
이름보다 큰 채송화를 본다

아카시아

로비니아 쉐도우 아카시아
그녀의 맑고 깊은 고백이
향기로 출렁이는 오월의 숲

가시 돋친 목청으로
세상을 밀어내던 날들
그 아픔 속에 숨겨 두었던
첫사랑이었다면

그것은 죄가 아니었네
무르익은 그리움 때문이었으리

주렁주렁 열린 꽃송이마다
방울져 맺힌 눈물
왈칵 쏟아낼 듯한
오월의 아카시아여

그 향기로운 고백은
모두 죄가 아니었네

오월의 물결

푸르게 펼쳐진
오월 산야를 둘러보면
무엇인가 빠르게
흘러가는 것이 있다

수많은 그림자, 무리 지어
도도하게 흘러가는 물결

꽃잎 진 자리마다
무성한 잎 올라와
바라보는 이의 가슴을
출렁이게 하는 짙푸른 젊음이
오월을 장악하고 있는 것이다

아무도 막을 수 없는
거대한 물결 속에
또 한 물결이 밀려오고
나도 하나의 물결이 되어
그들 속으로 들어간다

강물처럼

흐르는 것은 늘
스스로 길을 낼 줄 알아
쉽게 주저앉지 않는다

저마다 삶이라는 강에서
가슴속 깊은 바다를 꿈꾸며
세상 곳곳을 떠돌지라도
모든 것이 변한다는
인정할 수밖에 없는 진실이
가슴 한켠을 아리게 할 때

바다를 향한 거대한 소용돌이 속에서
말없이 흘러가는 것에
익숙해져 있는 사람들
어쩌면 우리는 모두
자신의 강물을 찾아
그렇게 흘러가고 있는지도 모르겠다

그리고 그들의 잔잔한 물결 덕분에
세상은 여전히 아름답고

풍요로운 것 아니겠는가

성모의 밤에

나의 모후 나의 어머니시여,
당신은 의인들의 기쁨이며
하느님께 들어가는 문이라고 하셨지요?

주님의 종으로 순명을 택하신
가장 겸손한 여인이시여,
언제나 성령께서 보호하시니
티 없이 깨끗한
인류의 어머니이십니다.

오늘 밤 우리는
장미꽃 활짝 핀
오월의 뜰에 모여
뿔처럼 돋아난 가시를 접고
가난한 마음으로
어머니의 이름을 불러 봅니다.

주님과 함께 영광– 아베 마리아
원죄 없으신 잉태– 임마꿀라타
바다 위의 별– 마리 스텔라

오월의 여왕– 로즈 마리
묵주기도의 모후– 로사리아
사랑하올 어머니– 애덕의 모후
천주의 성모– 레지나 첼리나
하늘에 오르신 어머니– 아숨타
그리고 가장 친숙한 이름
우리의 마돈나– 노틀담

세상에서 가장 고우신
우리 어머니,
어머니의 이름을 부를 적마다
장미 꽃향기 코끝에 스며들고
오월의 대지는 푸른 숲처럼
젖과 꿀이 흐르는
가나안 땅이 되었습니다.

기쁨의 샘이신
우리 어머니,
우리는 죽는 날까지
묵주를 손에 쥐고 살겠다는

간절한 소망을 담아
높은 제대 위에
촛불처럼 올려놓습니다.

"무엇이든지 그가 시키는 대로 하여라"
주님을 따르라는
어머니의 그 말씀을
오늘도 가슴에 새기며
다시 한번 순명을 다짐하는 이 밤
한없이 은혜로운 별들이
하늘 가득 빛나고 있네요.

세상의 얽히고설킨
매듭을 풀어 주시는
우리 어머니,
오늘만큼은 세상 사람들이
온갖 시름 다 접어두고
주님을 찬양하며
주님 곁에 다가올 수 있도록
이 밤, 저희를 이끌어 주소서.

저희를 위해 하느님께 빌어 주소서.

나의 모후 나의 어머니시여,
당신은 세상의 여왕이시며
하늘나라로 들어가는 하늘의 문이십니다.

제5부

흔한 꽃

사과의 참맛

사죄하는 마음으로 평생을 살아야 해
입술에서 멈춘 사과 무늬만 사죄일 뿐
한순간
힘들지라도
남의 탓은 안 된다

사과의 재배 면적 갈수록 줄어든다
부끄러운 마음조차 내줄 수 없다 하니
보아라,
사과의 참맛
붉게 물든 저 빛깔

능소화

그대 향한 그리움을 줄기마다 늘여 놓고
담장보다 높은 절벽 허공 끝에 몸을 세워
줄줄이
나팔을 불며
너에게로 달린다

한 발 두 발 가다 보면 언젠가는 닿겠지요
절망이든 철망이든 무엇이든 타고 넘어
내 사랑
머문 뜨락에
능소화로 피리라

층간 소음

소리가 모여 사는 유령의 방이런가
쿵쿵쿵 구르다가 쾅쾅쾅 두들겨도
고요히
마음을 열면
사라지는 소음들

판유리 겹쳐 놓은 투명한 집이런가
굉음이 난무하는 살벌한 기류건만
가만히
합장을 하면
화음처럼 들리는

악착보살

반야용선 얻어 타고 바다 건넌 보살처럼
악착같이 매달려 작업 현장 도달하니
아찔한
고소공포증
밀려오는 먹구름

밧줄에 몸을 싣고 고층 빌딩 넘나드네
바람인 듯 구름인 듯 흔들리는 외줄 타기
로프공*
그 줄을 놓지 마오
극락정토 다 왔으니

* 로프공 : 로프 청소 노동자

사위질빵

장모님은 앉아서도 십 리를 내다보셨는데
요양원 벽에 갇혀 한 치 앞이 어둠이다
기억도
녹이 슨 걸까
구멍 난 기억 창고

한평생 지고 온 짐 어디에 부려놓을까
공연한 욕심 보따리 이 짐을 받아다오
맏사위
부르는 소리에
달려가는 사위질빵

솔뫼성지

순교자 걸어가신 이백 년 돌아보니
시작은 미미하나 마침내 꽃을 피워
기도가
무르익을 때
하늘길을 열었다

여섯 살 어린 대건 뛰놀던 솔뫼 골목
스물여섯 귀한 목숨 한순간에 바쳤으니
거듭난
믿음의 성조
우뚝 선 솔뫼성지

쥐똥나무

쥐똥이 묻었다고 외면하던 나무인데
동네 공원 울타리에 만개한 흰 꽃무리
멀리서
달려온 꿀벌
어찌할 줄 모른다

향기로 말하자면 공원의 대표 선수
하얀 꽃 지고 나면 쬐끄만 검은 열매
쥐똥이
이리도 고울까
보석처럼 빛난다

이름을 부를 때

잡초라 치부하면 양귀비도 돌아앉고
이름을 불러주면 그가 먼저 다가온다
빙그레
웃어만 주어도
꽃잎은 열리는데

함부로 부르면 가벼워지고
마음을 다하면 깊어진다
바람 부는 쪽으로 깃을 세운 꽃대
제 이름
부르는 순간
풀잎처럼 눕는다

궁남지 연꽃

밤 깊은 궁남지에 남몰래 피는 꽃은
천 년의 약속인가 못다 한 사랑인가
저만치
물결이 일면
수군대는 꽃잎들

추궁

선거는 끝났는데 비밀선거 무색하다
캐묻는 사전조사 털어가는 출구조사
도대체
넌 누구 편인가
추궁하는 사람들

유세 유감

형님 먼저 아우 먼저 아름답게 양보하면
얽혔던 실타래도 술술술 풀릴 텐데
내일은
내 사전에 없다
진흙탕을 뒹구네

그 누가 되더라도 어렵기는 매한가지
잘되면 내 탓이오 잘못되면 남의 탓
남에게
떠넘기는 한
봄은 아직 멀었네

더불어 걸으면

봄빛이 완연하니 꽃소식 몰려온다
산수유 먼저 피고 개나리 뒤따르니
꽃동산
어디를 봐도
편 가르는 곳은 없다

한쪽만 바라보면 두 쪽으로 갈라진다
불만이 늘어나도 내일을 기약하며
더불어
함께 걸으면
지는 일은 없으리

괘종시계

우리 집 거실 벽에 걸려 있는 괘종시계
큼지막한 불알 달고 시간마다 종을 친다
보는 이
하나 없어도
종을 치는 종지기

오늘도 왔다 갔다 허투루 보냈는가
하루를 돌아보며 풀린 마음 다잡을 때
모두 다
잠든 시각에
빈 태엽을 감는다

흔한 꽃

개울가 걷다 보면 흔하게 만나는 꽃
오늘도 반갑다고 꼬리를 흔드는데
뭐더라
이름이 개망초
부르기도 민망하다

이 좁은 둘레길에 너마저 안 보이면
혼자서 가는 길은 얼마나 쓸쓸할까
이름값
하고도 남을
여기저기 귀한 꽃

거미

거미줄 펼쳐 놓고 손님을 기다린다
새벽부터 오밤까지 한 곳만을 응시하며
대침묵
마음 누르고
기다림을 기다린다

구름이 몰려오고 비바람 몰아쳐도
더듬이로 중심 잡고 흔들림을 잠재울 때
듣는다
그물 사이로
다가오는 인기척

할미꽃이 사라진다

할머니 누워 계신 뒷동산 올라 보니
흰 머리 흘러내린 할미꽃 보금자리
외손주
그리웠던가
등을 내민 할미꽃

이제는 할미 소리 거북하고 불편하다
세월이 흘렀어도 허리가 굽지 않고
내어줄
등도 없으니
꽃을 잃은 할미꽃

삶의 정수와 성찰의 빛

김우배 (시인)

　해설이란 명제를 놓고 글을 시작하려니 꽤나 망설여진다. 고민하던 차에 득도다조^{得道多助}라는 사자성어가 떠올랐다. 이런저런 명분과 핑계로 이 과제를 피하려 했지만 이규흥 시인처럼 외유내강인 사람의 특징이 그러하듯 한번 결정한 것을 호락호락 물러서지 않는다. 또 하나 중요한 건 시인은 위에서 언급한 득도다조의 표본이기도 해서다. 득도다조의 참 의미는 평소에 배려와 진정성 있는 소통으로 신뢰를 쌓아 많은 사람들로 하여금 자신의 편이 되어 따르게 된다는 것으로 그런 사람이 도움을 원할 때 누구라도 거절이나 사양을 할 수가 없는 것이다.

　서론이 길었다. 어찌 보면 그가 갖고 있는 내공에 비해 두 번째 시집 발표는 늦은 감이 있다. 다른 시각으로 본다면 그만큼 치밀하게 고민하고 신중하다는 뜻도 되겠다. 모쪼록 세상의 빛을 보게 된 두 번째 시집『붉은 국물』의 출간을 기쁜 마음으로 축하한다.

이규흥 시인의 두 번째 시집『붉은 국물』은 자연과 일상, 기억과 신앙의 이미지가 어우러지며, 삶과 죽음의 순환을 탐구한다. 시집 전반에 걸쳐 평범한 사물과 풍경에 숨겨진 상징과 정서가 드러나며, 화자는 때로는 기억을 더듬고 때로는 신앙의 시선으로 세상을 관찰한다. 아래에서는 각 부에서 인상적인 상징성과 이미지를 드러내는 시들을 선별해 살펴보고, 시어의 사용과 정서적 함의, 화자의 시선 등을 분석하고자 한다. 또한 시들 간의 연결 고리를 통해『붉은 국물』이 그려내는 종합적 정서를 이해해 보고자 한다.

제1부 너에게로 가는 길

「선물」에서는 평범한 아침 풍경이 신비로운 축복의 이미지로 탈바꿈한다. 새벽 택배를 받아든 화자는 "신께서 방금 구워 보내주신 하늘나라의 선물"이라는 표현을 통해, 막 구워낸 따끈한 음식 같은 선물을 신성시한다. 포장지를 조심스럽게 풀며 "독특하고 향기로운 선물"을 대하는 태도는, 일상의 한 순간을 마치 신의 은총을 기다리는 의식처럼 승화시킨다. 흰 선물 상자와 배달 상자, 조심스러운 손길 같은 구체적 사물들에 신성한 의미를 부여함으로써, 시인은 일상 속에서도 경이와 고마움을 발견할 수 있음을 암시한다.

이 시에서 화자의 시선은 저승과 현세를 자유롭게 넘나든다. "하늘나라의 선물"이라는 어구는 신성한 자비 혹은 새로운 시작을 은유하며, 마치 죽음 이후에 주어지는 선물처럼 인물의 삶과 죽음 사이를 연결한다. 또한 "품절될지 모르는"이라는 표현을 통해 선물의 귀중함을 강조하며, 주어진 순간을 소홀히 해서는 안 된다는 메시지를 전한다. 시어 선택에서는 '선물', '은총', '향기로운' 등이 반복되어 사용되면서 감탄과 경외의 정서를 불러일으킨다. 전반적으로 이 시는 감사와 경이의 정서를 담고 있으며, 시집 전반에 흐르는 신앙과 축복의 주제와 조응한다. "오늘은 하늘나라가 주신 선물"이라는 시인의 암시는 경건한 정서를 불러일으키며, 결코 가볍지 않은 메시지 앞에 고개가 숙여진다.

「너에게로 가는 길」은 봄꽃과 향기가 어우러진 이미지를 통해 사랑과 닿고자 하는 마음을 드러낸다. "때죽나무 가지마다 하얀 꽃송이 종鐘이 되어 매달려 있다"라는 첫 연의 이미지는 마치 연분홍으로 물든 길목에 흰 꽃잎들이 종처럼 매달려 있는 장면을 떠올리게 한다. 하얀 꽃송이는 순수와 회상을 상징하며, 종이 되어 매달려 있다는 표현은 꽃이 언어를 초월해 전하는 소리이자 기억으로 느껴진다. 화자는 이 길을 "너에게로" 열리는 길로 지목하며, 한곳에 머물러 있으면서도 천 리 길을 날아갈 수 있을 것 같은 꿈을 품는다. "은은하게 펼쳐진 너에게로 가는 길"의 이미지는 마치 안개 낀 듯 멀리 이어진 길과

꽃향기로 가득한 풍경을 암시하며, 사랑하는 대상에게 닿기 위한 소망과 희망을 내포한다.

이는 단순히 사랑하는 이에게 가려는 여정뿐 아니라, 자신의 삶과 세상을 적극적으로 수용하려는 태도로도 읽힌다. 반복되는 구절("너에게로 가는 길")은 사랑의 대상을 향해 마음이 되풀이하여 다가가려는 화자의 다짐처럼 느껴지며, 독자에게는 그 순수한 소망과 갈망을 고스란히 전달한다.

제2부 붉은 국물

「비 오는 날」은 여름 장맛비가 주는 정서를 섬세하게 포착하며, 그것을 삶의 방식에 대한 성찰로 확장시킨다. 굵은 빗줄기가 창밖으로 쏟아지는 장면을 바라보며, 화자는 "나는 왜 젖는 것을 두려워했을까"라고 자문한다. 화자는 과거 자신이 비를 피해 허둥지둥 도망쳤던 기억을 떠올리는 한편, 창밖의 나무가 빗줄기를 고스란히 끌어안으며 촉촉이 젖어가는 기쁨을 누리는 모습을 대조적으로 바라본다. 이 극적인 대조는 두려움에 움츠러든 화자와 자연스럽게 모든 것을 받아들이는 나무의 태도를 대비시킴으로써, 삶을 대하는 방식의 변화를 상징적으로 드러낸다. 비는 이 시에서 정화와 생명의 상징이자, 능동적 삶을 가능케 하는 자연의 은총으로 등장한다. 정서적으로 이 시는 잔잔한 깨달음과 미묘한 후회가 교차하는 정조를 품고 있다. 화자는 어린 시절의 자신을 돌아보며 미소 짓는 동시에, 놓쳐버린 기쁨에 대한 아쉬움을 느낀다. 그 아쉬움은 "내

삶은 얼마나 건조한 것일까"라는 화자의 자문 속에 선명히 드러난다. 화자의 시선은 장맛비라는 일상적인 풍경 속에서, '젖어야 할 순간을 회피한 삶의 건조함'이라는 깨달음을 비춘다. 반복되는 '비 오는 날'의 이미지와 두려움에 대한 자문은 화자가 삶의 태도를 근본적으로 성찰하게 하며, 장마처럼 혹독하면서도 풍요로운 자연현상을 삶의 새로운 은유로 전환시킨다.

「마지막 재」는 아버지의 죽음과 화자의 죄책감을 담담하게 그려낸 시다. "치매 꽃이 하얗게 핀 아버지"라는 표현과 "하얀 건물이 근사하지요"라는 말은 화자가 무의식중에 꾸며낸 다정한 위로다. 병원으로 실려 가는 아버지에게 "그곳에 천국이 있다"고 말함으로써, 화자는 현실과 환상 사이에서 갈등한다. 그러나 아버지가 실제로 마지막 길을 건널 때, 거짓과 참말이 뒤섞여 있음을 깨닫는다. 이 모든 과정 속에서 '마지막 재'는 육체적 삶의 종말을, '하얀 꽃'과 '하얀 건물'은 순결과 천상을 상징하며, 서로 대비되는 이미지로 사용된다. 시적 이미지의 상징성이 가장 짙게 드러나는 지점은 마지막 연이다. "아버지는 마지막 재를 넘어가고 계셨어요"라는 구절은 애도의 순간을 포착함과 동시에, '거짓말'과 '참말' 사이에서 인간의 연약함과 사랑의 본질을 암시한다. 화자의 시선은 끝내 아버지의 곁을 지키면서도, 생전의 작은 거짓말이 지닌 무게를 반추하는 내면으로 향한다. 전체적으로 이 시는 죽음 앞에 둔 진실과 거짓의 경계, 가족애의 깊이를 통해 인간 존재의 무상함과 그

속에 깃든 소중함을 동시에 곱씹게 한다.

제3부 러브버그

「러브버그」는 사랑의 친밀함을 곤충과 빨간 커플 옷에 비유한 독특한 시다. '빨간 스웨터/ 커플 티를 맞춰 입은 벌레들이 떼를 지어 날아다닌다'는 구절에서, 화자는 벌레들이 마치 커플처럼 짝을 이루는 모습을 상상한다. 특히 '꽁무니를 붙이고 춤을 춘다'는 표현은, 사랑하는 둘이 몸을 맞대고 춤추는 장면을 벌레의 행위에 빗댄 것이다. 이 우화적인 이미지는 사랑의 힘이 생명체에 역동적인 에너지를 불어넣는다는 점을 상징적으로 드러낸다. "사랑은 무엇이든 출렁이게 하는 힘이 있는 것일까"라는 의문은 사랑의 치유력과 변화 가능성을 사유하게한다. 자유롭게 떠다니는 벌레 떼의 행렬과 춤추는 모습은 사랑의 경쾌함과 유머를 담아내며, 삶을 가볍게 만드는 연대와 결속의 이미지를 환기시킨다.

이 시의 정서는 장난기 어린 유쾌함 속에서도 따뜻한 온기를 품고 있다. 화자의 시선은 벌레들의 세세한 움직임에 머무르지만, 그 세밀한 관찰은 궁극적으로 사랑의 본질에 대한 질문으로 이어진다. 이 시에서 사랑은 단순한 인간관계를 넘어, 생명 그 자체를 움직이게 하는 근원적인 힘으로 격상된다. 시어 사용에서는 '빨강', '커플', '춤'과 같은 시각적 언어와, '영혼의 다짐', '출렁이게'와 같은 은유적 표현이 어우러져 생동감 있는 정서를 형성한다. 전반적으로 이 시는 일상 속 깨달음을 유머러스하게 풀어내는 동시에, 부드럽고 설렘 어린 정서를 자아낸다.

이 시는 "따뜻하게 한 번 안아주지 못한… 아내의 어깨를 감싸 안으며"라는 고백으로 이어진다. 화자는 그동안 표현하지 못했던 감정을 이제라도 전하려는 다짐을 내비친다. "이제는 떨어지지 말자, 사랑의 사슬로 서로를 묶고"라는 구절에서는, 죽음조차 두려워하지 않게 만드는 부부의 결연한 의지가 드러난다. 이어지는 "곱게 물든 저녁노을 속으로 들어가는 저 환상의 연인들처럼"이라는 형상은, 마치 황금빛 노을 속으로 두 연인이 소리 없이 걸어 들어가는 듯한 장면을 연상케 한다. 이 장면은 인생의 마지막 순간까지 함께하고자 하는 부부의 이상적인 모습을 은유적으로 제시한다. 이 시의 정조^{情調}에는 애틋함과 안식이 조화롭게 공존한다. 화자는 평소 서툴렀던 애정 표현을 후회하면서도, 덧없이 흘러가 버린 시간을 되찾으려는 간절한 마음을 담담하게 고백한다. 화자의 시선은 사색적면서도 결연하다. "죽음은 두렵지 않으니 이제는 떨어지지 말자"라는 구절처럼, 시인은 죽음 앞에서도 이어지는 강인한 사랑을 강조하며, 동시에 그 사랑으로 스스로를 위로한다. 전반적으로 이 시는 결혼의 단단한 유대를 자연 풍경과 연결시키며, 인생의 마지막까지 이어지는 애틋한 사랑을 서정적으로 묘파^{描破}한다.

「오늘도」는 삶을 섬과 파도의 이미지에 비유하여, 연속되는 시간의 흐름과 불확실한 미래를 형상화한다. "어제와 내일을 잇는 섬"이라는 도입부는 현재라는 하루가 시간의 연속을 매개하는 지점임을 암시한다. 이어지는 "오늘도에는 커다란 파도가 출렁거린다"는 구절에서는, 평온했던 어제와 달리 오늘은 거센 파도가 밀려오는 일상임을 암시한다. 과거의 격랑이 지나간 뒤에 잔잔함이 찾아오듯, "격렬한 파도가 지나간 뒤에" 오는 안정을 기대하며 또 한 번 다가올 강풍을 예감한다. 이 시에서 파도와 섬의 이미지는 삶의 기복과 개인의 중심, 즉 자아를 상징적으로 드러낸다.

정서적으로는 현실을 담담히 응시하는 가운데, 굳건한 희망이 배어 있다. 화자는 어제와 내일이 맞닿은 시공간 속에서, 여전히 큰 파도와 강풍이 닥칠 수 있음을 솔직히 인정한다. 그러나 "우리에게는 섬이 있으니"라는 암시적 구절을 통해, 이러한 시련을 견디게 하는 내적 중심과 자아에 대한 신뢰가 드러난다. 화자의 시선은 성찰적이며, 불확실한 미래를 향해 단단히 준비된 자세를 보여준다.

제4부 얼리 버드

「목련공원에서」는 죽음과 부활을 대비시키며, 신앙에 기반한 희망을 조용히 노래한다. 화장터가 내려다보이는 목련공원에서 "활활 타오르는 뜨거운 불길"은 육신의 부활마저 불확실하게 보이지만, 잔설이 반짝이는 들판에서 "하얀 꽃봉오리 밀어 올리는 목련의 분만"을 바라보며, 화자는 죽음 또한 다른 형태의 부활로 이어진다는 깨달음을 얻는다. 이 장면에서 목련꽃의 탄생 이미지는 십자가에 못 박혔던 예수의 부활 혹은 천상의 생명을 연상시킨다. 특히 "살아서 믿는 믿음이란 부활의 꿈을 버리지 않는 것이다"라는 구절은, 어떤 상황에서도 희망을 버리지 않는 신앙의 내면적 가치를 강조한다.

　정서적으로 이 시는 담담함 속에서도 확고한 희망과 경건함을 품고 있다. 화자의 시선은 차가운 눈밭 위에 피어나는 목련의 부드러운 생명력으로 향한다. 반복적으로 등장하는 '부활'이라는 단어의 종교적 울림과, 다비식 불길의 강렬한 시각적 이미지가 대비되며, 이 시는 독자에게 묵직한 위안을 건넨다. 이 시를 통해 시집은 삶과 죽음의 경계를 자연의 순환과 신앙이라는 틀로 매듭짓는다.

「산수유마을에 가서」는 개인의 추억과 자연의 이미지를 조화롭게 엮어낸 서정적인 시다. "노랗게 핀 산수유꽃이 마을로 가는 길을 열어 놓았다"는 첫 구절은, 어딘가로 향하는 길목을 환하게 밝히는 산수유꽃의 풍경을 형상화한다. 어린 시절의 마을 골목길에서 줄지어 서 있던 산수유나무들을 떠올리며, 화자는 "온몸에 소름 돋을 때"라고 고백한다. 이는 그 풍경이 마음 깊은 곳의 기억을 불러일으키는 순간임을 암시한다. "노란 꽃잎 나부끼는 그 마을에 가서 묻었던 추억 꺼내 놓을까"라는 구절에서, 시인은 꽃길을 따라 기억을 소환하고 마음을 정화하려는 의지를 내비친다. 산수유꽃 속에 사랑하는 이의 이름을 새기는 행위는 잊혔던 감정과 기억을 되살리며, 내면에도 다시 봄이 찾아오는 순간을 시각적으로 구현한다.

정서적으로 이 시는 향수, 치유, 그리고 희망이 어우러져 있다. 화자의 시선은 어린 시절의 동행이자 현재를 버티게 해주는 그리움을 따라, 꽃으로 가득한 마을의 길을 걷는다. 마지막 구절 "꽃비 내리는 이 길을/ 오늘은 마냥 걸어가고 싶다"는, 천천히 걷는 행위를 통해 과거의 아픔을 꽃비처럼 흩뿌리며 받아들이고자 하는 화자의 마음을 섬세하게 드러낸다. 이 시를 통해 시인은 자연을 매개로 한 기억의 소생과 위안의 가능성을 보여주며, 시집 전체에 흐르는 회복과 재생의 정서를 강조한다.

제5부 흔한 꽃

「흔한 꽃」은 일상적인 소재들을 전통 시조 형식에 담아낸, 깊이 있는 성찰의 결과물이다. '흔한 꽃'이라는 제목이 시사하듯, 시인은 보잘것없어 보이는 존재들과 흔히 지나치기 쉬운 현상들을 통해 인간 본연의 가치, 관계의 미학, 삶의 진실을 날카롭게 통찰한다. 16수의 시조는 각각 독립적인 메시지를 전달하면서도 유기적으로 연결되어, '인간다움이란 무엇인가', '어떻게 살아야 하는가'에 대한 근원적인 질문을 던지며 독자에게 잔잔한 울림을 선사한다.

(1) 흔함 속에서 발견하는 특별함

시집의 문을 여는 「사과의 참맛」은 '사과'라는 일상적인 소재를 통해 '사죄(謝罪)'라는 행위의 본질을 성찰한다. 단순한 과일 이름과 동음이의어의 중의성을 활용하여, 시인은 형식적인 사과가 아닌 진심 어린 회한과 성찰의 가치를 강조한다. "사과의 재배 면적 갈수록 줄어든다"는 구절은 진정한 사죄의 의미가 점점 퇴색되어 가는 현대사회의 단면을 은유적으로 보여주며, 참된 용서와 화해의 윤리를 일깨운다.

　이어지는 「능소화」는 끊임없는 열망과 끈질긴 생명력을 통해 사랑과 희망을 노래한다. 절벽 위에서도 "허공 끝에 몸을 세워" 나팔을 불며 "너에게로 달린다"는 능소화의 모습은, 어떠한 절망과 장애물 앞에서도 굴하지 않고 목표를 향해 나아가는 인간의 강인한 의지를 상징한다. 이는 시인이 추구하는 긍정적이고 역동적인 삶의 태도를 반영한다.

　「층간 소음」은 현대 사회의 고질적 갈등 중 하나인 '소음'을 내면의 평화로 전환해가는 과정을 담고 있다. "고요히 마음을 열면 사라지는 소음들", "가만히 합장을 하면 화음처럼 들리는"이라는 시구는, 외적 환경에 휘둘리지 않고 자기 내면을 다스림으로써 번뇌를 초월하는 삶의 지혜를 암시한다. 이러한 성찰은 고요와 평화의 울림으로 다가와, 독자에게 잔잔한 위로와 사색의 시간을 선사한다.

(2) 인간 본연의 가치와 사회적 메시지

시인은 특정 직업이나 사회적 현상을 통해서도 인간의 존재론적 가치와 공동체의 중요성을 조명한다. 「악착보살」에서는 고층 빌딩을 넘나드는 로프공의 고단한 삶을 '악착보살'에 비유하며, 위험을 무릅쓰고 생계를 이어가는 이들의 숭고한 노력을 부처의 깨달음과 연결시킨다. "극락정토 다 왔으니"라는 마지막 구절은, 고된 노동 속에서도 좌절하지 않고 언젠가 찾아올 평화와 안녕을 갈망하는 인간의 보편적 염원을 담아낸다.

「사위질빵」과 「솔뫼성지」는 각각 가족 간의 유대와 역사적 헌신이라는 인간적인 가치를 탐구한다. 「사위질빵」에서는 치매로 기억을 잃어가는 장모님과 "달려가는 사위질빵"의 모습이 그려지며, 혈연을 넘어선 사랑과 희생의 정신이 진정한 가족의 의미를 다시금 떠올리게 한다. 한편 「솔뫼성지」는 순교자들의 숭고한 믿음과 헌신을 기리며, 미미했던 시작이 "마침내 꽃을 피워" 하늘길을 여는 기적 같은 역사로 이어진다는 점을 되짚는다. 이는 정신적 가치와 신념이 인간의 삶을 어떻게 이끄는지를 시인이 깊이 이해하고 있음을 보여준다.

「추궁」과 「유세 유감」에서는 정치와 사회를 향한 시인의 날카로운 시선이 두드러진다. "선거는 끝났는데 비밀선거 무색하다"는 「추궁」은 표면적인 민주주의 이면에 존재하는 불신과 갈등을 지적하며, 「유세 유감」은 "잘되면 나의 탓 잘못되면 남의 탓"이라는 냉소적인 구절을 통해 책임 전가와 분열의 세태를 비판한다. 시인은 이러한 작품들을 통해 정직과 화합의 부재를 안타까워하며, 공동체의 건강한 회복을 위한 성찰을 촉구한다.

(3) 자연과 존재의 철학

시집에는 자연물에 대한 따뜻한 시선과 함께, 존재론적 깊이를 더하는 시들도 포함되어 있다. 「쥐똥나무」는 하찮게 여겨지는 존재 속에서도 "보석처럼 빛난다"는 아름다움을 발견하며, 고정관념을 넘어 진정한 가치 발견의 중요성을 역설한다. 이는 겸손과 통찰을 바탕으로 세상의 숨겨진 아름다움을 포착하고자 하는 시인의 시선을 잘 보여준다.

「이름을 부를 때」는 이름이 가진 마법 같은 힘을 이야기하며, 언어와 관계의 본질을 통찰한다. "잡초라 치부하면 양귀비도 돌아앉고 이름을 불러주면 그가 먼저 다가온다"는 구절은, 타인을 존중하고 인정하는 마음이 관계의 질을 어떻게 바꾸는지를 섬세하게 드러낸다. 또한 "함부로 부르면 가벼워지고 마음을 다하면 깊어진다"는 표현은, 언어가 단순한 소통의 도구를 넘어 관계를 맺는 씨앗임을 암시하며, 모든 관계에 있어 진정성과 배려의 중요성을 일깨운다.

마지막으로 「더불어 걸으면」, 「괘종시계」, 그리고 제5부의 소

제목이기도 한「흔한 꽃」은 함께 살아가는 삶의 가치와 시간의 의미, 소소한 존재의 소중함을 다시금 강조하며 시집의 메시지를 수렴한다. "꽃동산 어디를 봐도 편 가르는 곳은 없다"는 「더불어 걸으면」의 구절은, 자연의 조화로움 속에서 인간 사회가 나아가야 할 방향을 제시하며, 분열과 대립을 넘어선 공존과 상생의 가치를 환기시킨다.「괘종시계」는 묵묵히 시간을 알리는 시계의 모습에서 하루하루를 성실하게 살아가야 할 인간의 태도를 떠올리게 하며,「흔한 꽃」은 "이 좁은 둘레길에 너마저 안 보이면 / 혼자서 가는 길은 얼마나 쓸쓸할까"라는 구절을 통해, 이름 없는 작은 꽃조차 우리 삶의 위안과 동반자가 될 수 있음을 노래한다. 이를 통해 시인은 일상의 모든 생명체가 저마다의 의미와 가치를 지니고 있으며, 결국 우리는 결코 혼자가 아님을 조용히 상기시킨다.

이 시인의「흔한 꽃」연작은 전통 시조의 정형미를 유지하면서도, 현대적 감각과 보편적 메시지를 조화롭게 담아낸 작품이다. 사소한 것에서 큰 깨달음을 얻고, 익숙한 것에서 새로운 의미를 발견하는 시인의 깊이 있는 시선은 바쁜 일상 속 독자들에게 잠시 멈추어 자신과 주변을 돌아보게 하는 소중한 기회를 제공한다. 이 시집은 흔한 꽃처럼 소박하지만 강한 생명력으로 우리 곁에 피어날 것이며, 삶의 진정한 의미를 다시금 되새기게 하는 작지만 단단한 이정표가 될 것이다.

마무리하며

　이규흥 시인의 두 번째 시집『붉은 국물』에 수록된 80편의 시편들은 자연과 일상을 배경으로 인간의 삶과 죽음, 사랑과 믿음을 노래하며 하나의 거대한 서정의 흐름을 이룬다. 봄날 흰 꽃이 연인에게 닿기 위한 소망을 담았듯(「너에게로 가는 길」), 여름 장마가 두려움을 넘어 삶의 풍요를 일깨우고(「비 오는 날」), 겨울 눈 속의 목련이 죽음 앞에서도 희망을 이야기하듯(「목련공원에서」), 작품들은 시대와 계절을 넘나드는 이미지로 유기적으로 연결된다. 화자들은 대체로 내성적이고 서정적인 시선을 지니고 있으며, 독자들은 이를 통해 평범한 풍경 속에 깃든 깊은 진실을 다시금 마주하게 된다.

　특히『붉은 국물』은 자연의 순환적 이미지와 신앙적 상징이 어우러져, 죽음 이후의 부활, 삶에 대한 감사와 용서를 은근하고 절제된 언어로 풀어낸다. 목련, 산수유, 눈 속 꽃봉오리 등은 반복적으로 등장하며 삶의 순환성과 희망의 은유로 작용하고, 음식이나 선물, 밥상보 같은 일상 소재는 하늘의 은총과 가족애로 확장된다. 종교적 어휘들이 곳곳에 드러나며 시집 전체의 정서를 경건함과 따스함으로 수렴시킨다. 요컨대『붉은 국물』은 낮은 목소리로 조용히 읊조리며, 상징과 이미지 속에 보편적 진리를 담아내는 시집이다. 각 시에서 포착된 생생한 이미지와 그 함의는 독자로 하여금 일상의 조각들 속에 스며 있는 의미를 음미하게 하며, 인간과 자연,

사랑과 믿음, 과거와 현재를 따뜻한 연결로 이어준다. 그렇게 이 시집은 흘러간 시간 속에서도 되살아나는 삶의 정수와, 그 끝자락에 잔잔히 번지는 사랑과 평화의 빛을 전하고 있다.

시집의 제목이자 대표작인 「붉은 국물」이 암시하듯, 시인은 자전적 성찰과 내면적 진실을 가만히 끌어올려 독자 앞에 정갈히 내어놓는다. 그러한 시인의 자세야말로 '참된 시인'이라 불릴 만하다.

끝으로, 시인을 사랑하는 마음에서 몇 가지 바람을 덧붙이고자 한다. 첫째, 시인이라면 신작뿐만 아니라 고전과 동시대 작품들까지 폭넓게 읽으며 끊임없이 언어 감각을 갱신해 나가야 한다. 둘째, 주제의식을 숙성시키는 사고의 시간은 매우 중요하지만, 처음 품은 물음과 의도를 작품 속에서 끝까지 지켜내는 치열함 역시 잃지 않기를 바란다. 셋째, 시인은 5장 6부를 넘는 감각과 사유, 즉 평범한 사람의 눈과 감성 너머를 바라보는 통찰력을 지녀야 한다. 그것이야말로 시인이 보아야 할 세계의 깊이이며, 시인이 감당해야 할 몫이기 때문이다.

'멈춤 없는 시작'을 다시금 기원하며, 독자의 자리에서 늘 시인을 응원하고 있음을 첨언해 둔다.

붉은 국물

초판 1쇄 발행 2025년 9월 30일

지은이 이규흥

발행인 방정원
발행처 도서출판 놀북
등록 제 573-2019-000011호
주소 충북 청주시 상당구 수영로162 101호
전화 010-2714-5200
전자우편 nolbook35@naver.com

ISBN 979-11-91913-47-7(03810)

이 책은 충청북도, 충북문화재단의 후원을 받아
예술창작활동지원사업의 일환으로 발간되었습니다.